✦ COLEÇÃO MEMÓRIA E HISTÓRIA ✦

Drauzio Varella

NAS RUAS DO BRÁS

Copyright do texto © 2000 by Drauzio Varella
Copyright das ilustrações © 2000 by Maria Eugênia

Grafia atualizada segundo o Acordo Ortográfico da Língua Portuguesa de 1990, que entrou em vigor no Brasil em 2009.

Projeto gráfico e capa
SILVIA MASSARO

Pesquisa iconográfica
SILVANA CASSAB JEHA
ANA VIDOTTI

Preparação
DENISE PEGORIM

Revisão
BEATRIZ DE FREITAS MOREIRA
RENATO POTENZA RODRIGUES

Créditos das fotos

Capa: passagem de nível no Brás (*c.* 1940),
 p. 26: av. Rangel Pestana, e p. 28: entregador de leite, fotos de Hildegard Rosenthal, Acervo Instituto Moreira Salles;

capa e pp. 8, 15, 20, 34, 41 e 52: acervo pessoal do autor;

p. 7: navio de imigrantes, foto Acervo Memorial do Imigrante/ Museu da Imigração, São Paulo;

p. 17: varal de uma casa no Brás, p. 48: domingo de futebol no Pacaembu, fotos Agência Estado;

p. 35: Lydia Varella, foto do acervo pessoal do autor reproduzida por André Braga Brandão;

p. 52: Leônidas da Silva, foto *A Gazeta Esportiva*;

p. 60: rio Tietê (*c.* 1950), Acervo Clube Esperia;

p. 74: *Brute force*, detalhe da capa do vídeo.

Dados Internacionais de Catalogação na Publicação (CIP)
(Câmara Brasileira do Livro, SP, Brasil)

Varella, Drauzio, 1943-
 Nas ruas do Brás / Drauzio Varella ; [ilustrações de Maria Eugênia]. — 1ª ed. — São Paulo : Companhia das Letrinhas, 2000. — (Coleção Memória e História)

 ISBN 978-85-7406-066-8

 1. Literatura infantojuvenil. 2. Varella, Drauzio, 1943- I. Eugênia, Maria. II. Título. III. Série.

00-1386 CDD-028.5

Índices para catálogo sistemático:
1. Literatura infantil: 028.5
2. Literatura infantojuvenil: 028.5

38ª reimpressão

Todos os direitos desta edição reservados à
EDITORA SCHWARCZ S.A.
Rua Bandeira Paulista, 702, cj. 32
04532-002 — São Paulo — SP — Brasil
☎ (11) 3707-3500
 www.companhiadasletrinhas.com.br
 www.blogdaletrinhas.com.br
 /companhiadasletrinhas
 @companhiadasletrinhas
 /CanalLetrinhaZ

A marca FSC® é a garantia de que a madeira utilizada na fabricação do papel deste livro provém de florestas que foram gerenciadas de maneira ambientalmente correta, socialmente justa e economicamente viável, além de outras fontes de origem controlada.

Esta obra foi composta em AGaramond e impressa pela Geográfica em ofsete sobre papel Couché Design Matte da Suzano S.A. para a Editora Schwarcz em janeiro de 2025.

Sumário

O pastor • 5
O bombeiro • 11
A casa da Henrique Dias • 14
Os passarinhos • 19
O armazém • 22
Os italianos • 25
Dona Augusta • 29
Os balões • 33
A aliança • 37
A casa da vó Aurélia • 40
O dr. Isaac • 43
Futebol • 47

Tio Juanito e o Diamante Negro • 51
Na traseira do caminhão • 53
Homem de palavra • 56
Liberdade • 59
Domingo de Ramos • 63
Na porta das casas • 66
Cineminha Kolynos • 68
Contrastes culturais • 71
No cinema • 73
A fogueira • 76

Sobre o autor e a ilustradora • 79

O pastor

O pai do meu pai era pastor de ovelhas numa aldeia bem pequena, nas montanhas da Galícia, ao norte da Espanha. Antes de o dia clarear, ele abria o estábulo e saía com as ovelhas para o campo. Junto, seu amigo inseparável: um cachorrinho ensinado.

Numa noite de neve na aldeia, depois que os irmãos menores dormiram, meu avô sentou ao lado da mãe na luz quente do fogão a lenha:

— Mãe, eu quero ir para o Brasil, quero ser um homem de respeito, trabalhar e mandar dinheiro para a senhora criar os meus irmãos.

Ela fez o que pôde para convencê-lo a ficar. Pediu que esperasse um pouco mais, era ainda um menino, mas ele estava determinado:

— Não vou pastorear ovelhas até morrer, como fez o pai.

Mais tarde, como em outras noites de frio, a mãe foi pôr uma garrafa de água quente entre as cobertas para esquentar a cama dele:

— Doze anos, meu filho, quase um homem. Você tem razão, a Espanha pouco pode nos dar. Vá para o Brasil, terra nova, cheia de oportunidades. E trabalhe duro, siga o exemplo do seu pai.

Meu avô viu os olhos de sua mãe brilharem como líquido. Desde a morte do marido, era a primeira vez que ela chorava diante de um filho.

No começo do século, muitos europeus, cansados da guerra e da pobreza em que viviam, emigravam para o Brasil. Seu Paco, um vizinho de aldeia do meu avô, decidiu mudar para cá com a mulher e cinco filhos pequenos. Meu avô tanto insistiu que convenceu seu Paco a se responsabilizar por ele durante a travessia, porque uma criança de doze anos não podia viajar sozinha. Pobre como era e com tantos filhos, seu Paco foi franco com minha bisavó:

— Até desembarcarmos no Brasil, eu digo para as autoridades que o seu filho está comigo. Depois, não posso mais ajudar.

Nessa época um navio demorava um mês para vir da Europa ao Brasil. O menino, analfabeto, desembarcou em Santos com uma calça, uma camisa, um par de meias e o capote na malinha. Disse adeus ao pessoal do seu Paco e saiu sozinho atrás do trabalho oferecido aos imigrantes nas imediações do porto.

Não teve dificuldade. Um pouco antes, haviam proibido a escravidão no Brasil e faltava gente para o trabalho braçal, principalmente nas lavouras de café. Ele foi parar numa fazenda em Jaú, interior de São Paulo — o trabalho infantil não era proibido, muitas crianças começavam a trabalhar aos sete anos de idade.

Em Jaú, ele carpiu café, cuidou de cavalos e economizou tudo o que pôde. Em pouco tempo, tinha o suficiente para tentar a vida em São Paulo, cidade que no início do século começava a se industrializar e crescer.

Como outros estrangeiros, meu avô foi morar no Brás, bairro industrial perto do centro onde havia duas estações de trem e uma hospedaria para receber imigrantes. Comprou uma carroça para entregar mercadoria — ainda não existiam caminhões de transporte — e meteu a cara no trabalho: saía de manhã no escuro e voltava noite alta, depois de dar banho no cavalo e alimentá-lo. Como não sabia ler e precisava assinar recibos, pagou um garrafão de vinho para que um espanhol mais velho lhe ensinasse.

O senso de responsabilidade de um menino como aquele ganhou fama na freguesia. Ele recebia tantos pedidos que precisou de mais uma carroça

Imigrantes chegando a Santos no início do século XX.

Antônio e Aurélia, meus avós espanhóis, pais de meu pai.

para dar conta de tudo. Depois comprou outra, e mais outra, até acabar proprietário de uma companhia de transportes que empregava vários espanhóis recém-chegados.

Então meu avô conheceu minha avó Aurélia, espanhola como ele. Casou de terno preto, colete e bigode retorcido; ela de branco, levando nas mãos um pequeno buquê. Tiveram três meninos e uma menina que morreu aos três anos, coisa comum naquele tempo sem antibióticos.

Depois de alguns anos meus avós compraram dois terrenos no Brás e construíram três casas em cada um. Foram morar em uma delas, na rua Henrique Dias, e alugaram as outras cinco.

Meu avô era tão agradecido ao Brasil, que proibiu minha avó de ensinar espanhol ao meu pai e aos irmãos dele:

— Esses meninos são brasileiros. Se aprenderem espanhol, podem acabar voltando para a Espanha e morrer na guerra.

Meu avô paterno emprestou dinheiro e deu emprego a muitos conterrâneos que chegavam sem nada. Morreu aos quarenta e dois anos, que era a média de vida de um homem na década de 20. Morreu respeitado pela comunidade, exatamente como planejou aos doze anos, quando saiu da Espanha.

Na minha infância, quando morria um espanhol amigo da família, as missas eram celebradas no mosteiro de São Bento, uma igreja linda no centro da cidade, preservada até hoje. A missa era em latim, e o padre, que tinha dois

coroinhas de batina e mais um auxiliar, usava um manto vermelho e lilás, com pombas e raios luminosos bordados nas costas. O coro cantava ao som do órgão. Bonito e triste.

Os homens vestiam terno cinza, gravata preta e uma fita preta na lapela do paletó, em sinal de luto. Quando eram parentes próximos da pessoa falecida, usavam essa fita durante um ano inteiro, às vezes até por mais tempo. Os filhos e o marido viúvo ficavam sem fazer a barba até a missa de sétimo dia. Depois, passavam meses de roupa escura, sem ouvir rádio, sem cantar nem ir ao cinema. Não bastava sofrer, era preciso demonstrar a dor. Vi mulher gritar, arrancar o cabelo, atracar-se ao caixão para impedir os homens de levar o marido na hora do enterro.

Nessas missas, eu ficava feliz quando aqueles senhores me chamavam de "neto do Varella" e diziam:

— Seu avô foi um grande homem!

Só não gostava quando as mulheres deles, de véu escuro e terço na mão, beliscavam minha bochecha e davam beijos babados que eu enxugava disfarçado no ombro do paletó.

Com o aluguel das cinco casas, a vó Aurélia criou os três filhos sozinha. Com dificuldade, mas sem deixar faltar nada. Meu pai e o tio Odilo, irmão mais velho dele, estudaram contabilidade. O caçula, o tio Amador, fez medicina, na mesma faculdade em que eu me formaria trinta anos depois.

O bombeiro

Meu outro avô, pai da minha mãe, costumava se sentar na cadeira de balanço e ler as notícias da guerra para minha avó. Também lia romances, e, quando a vó levantava para espiar uma panela na cozinha, ele fechava o livro até ela voltar. A sala onde ficavam tinha o teto pintado com perdizes e cestos abarrotados de frutas.

Ao sair de casa, vestia o terno preto de risca branca. No bolso do colete guardava o relógio, pendurado numa corrente de ouro que ia até o passador do cinto. Não punha os pés na rua sem dar lustro nos sapatos.

Era um homem baixo e atarracado, que escrevia com letra perfeita. Molhava a pena no tinteiro e depois enxugava com o mata-borrão. Nascido numa região chamada Trás-os-Montes, ao norte de Portugal, veio para o Brasil com o pai, professor, a mãe e um irmão. Emigraram porque o pai tinha medo de que os meninos fossem convocados pelo exército português para servir nas colônias africanas, onde muitos jovens portugueses morriam ou retornavam com doenças desconhecidas.

Graças à caligrafia impecável, os parágrafos sempre iniciados com maiúsculas bordadas, meu avô conseguiu entrar para o Corpo de Bombeiros, um orgulho para o imigrante daquele tempo. Era telegrafista, função importante porque muitos avisos de incêndio vinham pelo telégrafo, através de sinais elétricos transmitidos por fio, em código Morse, de uma estação para outra.

Foi no Brás que ele conheceu minha avó Ana. Essa minha avó nasceu no Porto, uma das maiores cidades de Portugal, e chegou criança ao Brasil, junto com a família numerosa. Até hoje dizem que é difícil um casal viver tão bem como eles. Ela não tinha aprendido a ler e andava de preto, como as portuguesas daquela geração. Apesar de analfabeta, conhecia Machado de Assis e Eça de Queiroz e recitava poesias de Bocage, decoradas nas leituras com o marido. Por causa do seu lugar de origem, parece que ela se julgava mais chique do que ele:

— Sou do Porto, não sou como você, que veio de Trás-os-Montes, aquele fim de mundo!

Quando meu avô deu baixa como terceiro sargento do respeitado Corpo de Bombeiros, eles construíram um sobrado na rua João Teodoro, a duas quadras da Henrique Dias, onde viviam meus avós paternos. Moravam na parte de cima e montaram um armazém de secos e molhados na de baixo. Vendiam mantimentos, bebidas, doces, mortadela e bacalhau, tão barato naquele tempo que, quando queriam ofender alguém, diziam: "Para quem é, bacalhau basta!".

Com o dinheiro ganho no comércio, meus avós maternos construíram diversas propriedades no Brás.

Tiveram oito filhos, dos quais apenas quatro sobreviveram às doenças infecciosas: Lydia, minha mãe; Olímpia, irmã inseparável dela; José, o mais velho, personagem querido da minha infância, que ria feliz quando reunia os filhos e sobrinhos em volta dele; e o Durval, meu tio mais novo, que nasceu muito diferente das outras pessoas e permaneceu criança para sempre, capaz de gargalhar das coisas mais insignificantes e de pedir para repetirmos várias vezes as frases com as quais cismava. O dia todo debruçado na sacada do sobrado, em conversas intermináveis com amigos imaginários, tio Durval via o mundo passar no movimento da rua João Teodoro.

A casa da Henrique Dias

Meu pai conheceu minha mãe na vizinhança. Dizem que ela era engraçada quando contava histórias e bonita de chamar a atenção. Casaram mocinhos e tiveram quatro filhos. Meu irmão mais velho nasceu em casa — assistido por uma parteira, como era costume — e morreu dois dias depois do parto; as crianças ainda morriam muito na década de 40. Aí vieram a Maria Helena, eu e o Fernando.

Até eu completar dois anos, moramos numa casa de propriedade dos meus avós maternos, na rua Rio Bonito, também no Brás. Mudamos logo depois do parto do meu irmão mais novo, porque minha mãe ficou muito fraca para cuidar dele e a Rio Bonito era um pouco longe para as minhas avós poderem ajudar.

Meus pais, minha irmã e eu fomos para uma das três casas que minha avó espanhola tinha na Henrique Dias, porque assim ela podia tomar conta de mim e da Maria Helena. O Fernando, que tinha acabado de nascer, ficaria com meus avós maternos, no sobrado da João Teodoro, pertinho, até a mãe sarar.

Estávamos em 1945. Na Europa arrasada pelas bombas chegava ao fim a Segunda Guerra Mundial, que matou mais gente do que todas as guerras anteriores somadas. Em 6 de agosto daquele ano, dia do nascimento do meu irmão, um piloto americano num avião de hélice lançou uma bomba sobre a cidade japonesa de Hiroshima e voou para longe. A explosão levantou um enorme cogumelo de fumaça que escureceu o céu e liberou um calor absurdo, desconhecido do homem. Todos os prédios ruíram, a água da cidade evaporou numa fração de segundo. Quem estava perto desapareceu sem deixar vestígio. Quando a poeira radioativa da bomba baixou, caiu uma chuva negra que queimou a pele dos que tinham escapado da explosão e perambulavam pela cidade destruída atrás dos parentes e de água para beber. Morreram 100 mil pessoas em Hiroshima.

Distantes dessas atrocidades, na Henrique Dias italianos, portugueses e espanhóis viviam em paz. Eram tantos imigrantes que quando fomos para lá as pessoas diziam: "Mudaram-se uns brasileiros".

Fernando (meu irmão mais novo), eu e a Maria Helena.

    As três casas de minha avó Aurélia ficavam uma do lado da outra e estavam ocupadas assim: na primeira, morava ela com meu tio Amador, solteiro, nos últimos anos do curso de medicina; a casa do meio estava alugada para a família da dona Aurora, uma senhora que escutava música espanhola e novela da rádio São Paulo a manhã inteira. Nessa época, televisão ainda não existia no Brasil e rádio era privilégio de poucos no Brás. As pessoas iam no vizinho ouvir programas de rádio. Construídas por volta de 1910, essas duas casas eram semelhantes; tinham janelas altas para a rua, portão de ferro e um corredor lateral que dava na porta da sala de jantar.

    A terceira, onde fomos morar, era uma moradia coletiva, para três famílias, comum nos bairros operários. Tinha um portão alto de madeira, que abria para um corredor comprido, ao longo do qual alinhavam-se três cômodos isolados um do outro: no da frente, o único com janela para a rua, morava um casal de portugueses, pais do Arlindo, meu amigo inseparável. No quarto do meio morava o tio Constante — na verdade, primo do meu pai —, casado com a tia Leonor, filha de italianos, que morria de rir quando eu repetia os palavrões que ela me ensinava escondido, e o filho deles, Flávio, meu primo doze anos mais velho.

    Nós ocupávamos a parte de trás. Para entrar, subíamos uma escadinha de cinco degraus e chegávamos num pequeno alpendre: à esquerda ficava a cozinha, com fogão a lenha e uma chaminé; à direita, uma porta dava acesso à sala, que tinha uma mesa de jantar e um guarda-louça. Atravessando a sala, vinha o quarto, com a cama dos meus pais, os criados-mudos e duas caminhas, uma de cada lado; em frente, uma camiseira e o guarda-roupa de casal. Os móveis eram de madeira escura, pesados de arrastar.

Roupas estendidas para secar numa casa do Brás.

Seguindo o corredor de entrada, depois da nossa cozinha vinha o banheiro — um só para as três famílias —, com chuveiro frio e um cheiro de bolor que nunca esqueci. Ao lado, um tanque coberto e mais duas cozinhas: a da tia Leonor e a da mãe do Arlindo. Em frente às cozinhas, o varal e o coarador: uma folha grande de zinco sobre um suporte de madeira, para secar a roupa ao sol. Lá no fundo, um galinheiro.

Nessa época, não havia a comodidade dos supermercados, que vendem o frango pronto para ir à panela. A dona de casa entrava no galinheiro, escolhia a vítima, destroncava o pescoço dela e depenava na bacia com água quente. Era prato para domingos especiais, tanto que havia até um ditado: "Pobre quando come frango, um dos dois está doente".

Uma vez, aos quatro anos de idade, depois de já ter tomado o banho da tarde eu tive uma ideia brilhante: fazer xixi na cerca do galinheiro. Minha intenção era que o jato molhasse as penas das galinhas que ciscavam distraídas. Só que o galo, grandão, de crista vermelha, parou em frente e ficou me olhando com a cabeça de lado. Assim que comecei a urinar, o galo, sem dar tempo para nada, deu uma bicada certeira no meu pinto. Tirou sangue, mas eu não chamei ninguém. Fui chorar escondido, de vergonha da minha burrice.

Os passarinhos

Nossa casa tinha um porão cheio de mistério. Por causa dos ratos, que transmitiam doenças terríveis, minha mãe não deixava brincar lá, mas o Arlindo e eu desobedecíamos. Com medo, rastejávamos entre as tranqueiras do porão escuro, aflitos com as teias de aranha que grudavam na boca.

Na entrada do porão, meu tio Constante armava uma ratoeira de arame em forma de gaiola comprida, com um pedaço de queijo duro pendurado no fundo. Quando o rato mordia a isca, a mola soltava e trancava a porta da gaiola, com força. Prendia o rato vivo. Eram ratos pretos, enormes, que meu tio afogava no tanque.

Hoje acho cruel a cena do afogamento, mas na época eu chamava a rua inteira para assistir. O tio tampava o tanque e abria a torneira. Enquanto a água

Meu pai quando se formou contador, aos dezessete anos.

subia, a molecada se acotovelava em volta, excitada com a aflição do inimigo.

O tio Constante trabalhava numa loja de calçados. Torcia pelo Corinthians no rádio, ouvia corrida de cavalo e tinha uma criação de canário-do-reino num viveiro azul, amarelo e vermelho, perto do coarador. Na época de reprodução, ele separava os casais nas gaiolas e punha barbante desfiado para que fizessem o ninho. Quando os filhotes nasciam, preparávamos papa de pão amanhecido com leite e gema de ovo cozido e dávamos na boquinha deles com um palito, até as penas amarelas cobrirem o corpo e os passarinhos abandonarem o ninho.

Era uma beleza, parava gente no portão para ouvir a música que entoavam, cada um querendo cantar mais bonito que o outro.

Meu pai tinha um emprego de dia e outro à noite. Saía cedo, vinha almoçar em casa, como a maioria dos homens naquele tempo, e só chegava de volta depois da meia-noite. Dizia que precisava trabalhar duro para podermos sair do Brás. Não queria ter filhos operários na vida sacrificada das fábricas.

Aos domingos ele tocava música clássica no piano da mãe, o único lazer da semana. Gostava de tocar uma música chamada "Num mercado persa". Eu ouvia quieto, imaginando um mercado feito de pedra, com teto árabe e minaretes, a caravana chegando com os camelos no ritmo da melodia, tendas coloridas, mulheres de manto, homens com argola de ouro na orelha e o encantador de serpentes.

Meu pai era um homem de terno, enérgico, magro, muito mais alto do que os pais dos outros meninos, e eu gostava disso. Quando ficava bravo não precisava gritar, bastava o olhar severo. Ao contrário da maioria dos homens do bairro, era de pouca conversa com a vizinhança, não frequentava bares e não bebia no armazém do Pinto.

O armazém

O armazém do Pinto era típico: sacos empilhados, linguiças penduradas, pilhas de bacalhau salgado e barricas de azeitona. Sentados no meio delas, à noite, os homens jogavam dama, dominó e um jogo de baralho chamado escopa de 15. E tomavam vinho com azeitonas e pedaços de linguiça. As azeitonas eram raras, vinham de Portugal e custavam caro. Eu não resistia ao cheiro dos barris: encostava num deles e ficava prestando atenção no baralho dos homens. Quando eles se distraíam, eu empurrava a tampa o suficiente para dar passagem ao meu braço esquálido, roubava uma azeitona bem graúda e ia comer na rua. Para aproveitar bem, mordia de leve e chupava o caldo salgado diversas vezes, até acabar o gosto.

Atrás da orelha do seu Pinto vivia um lápis amarelo cuja ponta ele molhava na língua antes de escrever. Os fregueses faziam as compras e entregavam a caderneta para anotar o valor devido. No dia de pagamento da fábrica, traziam a caderneta para somar. Dava inveja a rapidez com que seu Pinto executava a soma, com o lápis saltando entre a fileira de números, enquanto os lábios murmuravam os valores parciais.

Como as casas em que viviam as famílias eram pequenas, as crianças no Brás passavam o dia soltas. Minha irmã, como as outras meninas, não ia para longe do portão: brincava de boneca no quintal e de amarelinha na calçada, pulava corda com as amigas e às vezes jogava futebol comigo, mas minha mãe não gostava disso; dizia que não era brincadeira de menina. Eu tomava café, corria para a rua e só voltava para comer; vivia alucinado atrás da bola. Ainda mais que o campo era bem em frente de casa, na calçada da fábrica do seu Germano, um alemão forte e bravo que dirigia uma caminhonete azul.

Bola de couro ninguém tinha, jogávamos com aquelas pequenas de borracha que pulam feito cabrito. Quando estouravam, fazíamos outra com meia velha e jornal amassado, ótimas para bater pênalti na calçada. As partidas só paravam quando as mães chamavam para dentro.

Que inferno, as mães! No melhor do jogo apareciam na porta com as mãos na cintura:

— Pedrinho, vem se lavar para comer!
— Peppino, já te chamei três vezes, desgraçado, teu pai te mata quando chegar!

Os italianos

O Brás era um bairro cinzento, com ruas de paralelepípedo e poucos automóveis. Ao meio-dia as sirenes anunciavam a hora do almoço nas fábricas. Como não existiam prédios, de toda parte viam-se chaminés e as torres da igreja de Santo Antônio apontando para o céu.

A paisagem humana do bairro era dominada pelos italianos, mais numerosos e barulhentos do que os portugueses e espanhóis da vizinhança. Gente simples, oriunda de pequenos povoados devastados pela guerra, uma mistura de calabreses, napolitanos, sicilianos, vênetos e milaneses. Falavam dialetos incompreensíveis uns para os outros.

Os do norte da Itália costumavam ser mais instruídos. Eram geralmente operários especializados que punham os filhos em escolas particulares: o Coração de

Avenida Rangel Pestana, no Brás, em São Paulo, terra da garoa.

Jesus, dos padres salesianos, ou o Liceu Acadêmico São Paulo, na rua Oriente. Não se davam bem com os italianos do sul: napolitanos, calabreses e sicilianos, chamados por eles de carcamanos, com desprezo.

Contam os mais velhos que a palavra "carcamano" teria surgido para designar comerciantes calabreses desonestos. Ao pesar a mercadoria naquelas balanças antigas, de prato pendurado numa mola, eles empurravam o prato da balança com a mão para roubar no peso: eram os "calca a mão", que no sotaque italiano teria virado "carcamano".

Os operários saíam cedo, com a marmita embrulhada no jornal e o guarda-chuva preto. Garoava muito em São Paulo; a cidade era cercada por matas e conhecida como "a terra da garoa". Entre os trabalhadores, muitos eram adolescentes, mas não havia mais crianças: o trabalho antes dos catorze anos tinha sido proibido. Essas imagens marcaram a minha infância: para ser homem, precisava acordar cedo e ir para a fábrica com a marmita.

Nem todos eram operários, no entanto. Havia barbeiros, alfaiates, marceneiros, sapateiros e ambulantes que passavam com a carrocinha. Entre eles, um napolitano com um latão cilíndrico nas costas anunciava com voz musical:

— Olha a pizza! A pizza! *Mozzarella i pomarolla 'n coppa!*

Queria dizer que a pizza tinha tomate em cima da mozarela. Ele forrava o latão com um pano branco e ali dentro os discos de pizza vinham cuidadosamente empilhados, separados uns dos outros por folhas de papel-manteiga. Eram preparadas pela mulher dele no forno a lenha. Não custavam caro, mas poucos compravam, porque os imigrantes eram pessoas econômicas. Napolitanos como esse foram os precursores das pizzarias que surgiram no Brás, nos anos 50.

Nós não tínhamos geladeira. A primeira que vi foi na casa da minha avó espanhola, aos oito anos, pequena como um frigobar. Não funcionavam com eletricidade; pela manhã, o caminhãozinho da fábrica de gelo deixava na porta das casas uma pedra grande e antes de sair os homens a carregavam para dentro da geladeira, para resfriar os alimentos. Sem geladeira, era perigoso guardar comida para o dia seguinte. Naquele tempo, muitas crianças pequenas morriam de diarreia por ingestão de alimentos contaminados.

Tudo passava na porta das casas: o verdureiro, o peixeiro, o batateiro, o comprador de garrafa e um napolitano que anunciava:

— Compra roupa usada. Bom preço, freguesa. Ternos, vestidos, chapéus e lingeries finas.

O comércio de roupa usada estava nas mãos dos napolitanos, que vendiam

O leite era entregue em casa, em frascos de vidro.

até casimira inglesa. Feita na Mooca, dizia o tio Constante. Dos vendedores, entretanto, quem mais atraía a criançada era a negra do manjar, uma mulher roliça, de sorriso alvo e com perfume de rosa. Vinha com vestido de baiana rodado, um tabuleiro no turbante e o suporte de madeira na mão. Montava o tabuleiro na calçada e, sobre a toalha bordada, exibia a mercadoria. Com a luz do sol, o manjar brilhava trêmulo aos nossos olhos.

Quando minha irmã e eu pedíamos dinheiro para o manjar, meu pai negava quase sempre. Dizia que manjar bom era o que ele fazia em casa com leite e que o da negra só tinha farinha e água. Despeito puro: o dela era muito superior.

A criançada, sem dinheiro, rodeava o tabuleiro e morria de inveja dos que chegavam para comprar. Uma tarde, estávamos ali em volta quando um Ford preto parou logo à frente e deu marcha à ré. Desceu um homem grisalho de terno e gravata, tirou a carteira do bolso do paletó e disse à vendedora:

— Boa tarde, senhora, pode dar um doce para cada criança, por favor.

Nós agradecemos, mas só tivemos coragem de dar a primeira mordida depois que ele entrou no carro. Eu nunca tinha visto uma pessoa tão generosa, e tão educada que dizia: "Boa tarde, senhora!".

Dona Augusta

Nas casas coletivas, os telhados das cozinhas ficavam coloridos pelas bacias de tomates que as italianas punham para secar ao sol e depois amassavam para o molho da macarronada dos domingos. Nesse dia, recebiam parentes, tocavam bandolim e acordeom, dançavam músicas alegres, cantavam, bebiam vinho e falavam com estardalhaço, todos ao mesmo tempo. No final da tarde, desentendiam-se e iam embora enfezados, gritando desaforos do portão e de braço dado com as mulheres em lágrimas. Xingavam em italiano e juravam nunca mais pôr os pés na casa daqueles ingratos. No domingo seguinte, estavam juntos outra vez cantando e dançando no quintal, com a criançada pulando e as senhoras de preto sentadas em volta.

Mas não eram essas as melhores brigas nas casas coletivas. Com um banheiro

para várias famílias, um tanque só e pouco espaço para pendurar a roupa lavada, eram frequentes os desentendimentos entre as mulheres, muitas das quais mães de amigos meus. É provável que a tensão se acumulasse entre elas no decorrer da semana, porque as confusões sempre aconteciam nas manhãs de domingo, com os maridos em casa.

    Tudo começava com um pequeno desentendimento: uma delas reclamava, a outra respondia atravessado, mas ambas continuavam os afazeres. Minutos depois, a primeira saía à porta da cozinha e dizia um desaforo. A outra, como se não tivesse ouvido, estendia a roupa no varal. Depois pegava a bacia e ao voltar para o tanque retrucava à altura. As vozes se elevavam e o intervalo entre as ofensas diminuía gradativamente, até virar altercação. Então, as vizinhas tomavam partido e começava a gritaria.

Nesse momento, os maridos saíam imediatamente dos quartos para a rua, a fim de evitar que o conflito os envolvesse. Na calçada, solidários, queixavam-se das esposas:

— Eu falo para a minha mulher: "Minha filha, você tem um coração de ouro, mas precisa controlar esse gênio!".

— Que nada, Nicola, até que o temperamento da sua esposa não é dos piores: a minha é que é uma pimenta ardida. Puxou justo da mãe dela. Meu sogro, coitado, é que sofre. *Maledetta vecchia!*

Enquanto disputavam para saber quem era casado com a mulher mais insuportável, elas se engalfinhavam no quintal e lavavam a roupa suja:

— Viu o arranhão que você me fez no braço, sua calabresa suja que só toma banho no sábado!

— Melhor não tomar banho do que ser que nem a tua irmã casada, que fica na janela piscando quando passa aquele cabo da Força Pública!

Junto ao portão, em silêncio, nós não perdíamos uma palavra, um gesto, um olhar trocado. Curiosos, espreitávamos o mundo dos adultos, tão distante das crianças daquele tempo.

No auge da confusão, invariavelmente surgia a dona Augusta, uma senhora portuguesa com presilha no cabelo que morava ao lado do Armazém Simões, na esquina com a Rodrigues dos Santos. Vinha de vestido escuro com bolinhas brancas, cheia de pressa, enxugando as mãos no avental listado, com cara de poucos amigos. Na calçada, todos se afastavam para lhe dar passagem. Ela entrava, batia o portão para deixar claro que os homens estavam de fora e punha ordem no quintal:

— Assunta, já para dentro! Chega! Carmela, para, você fala muito! Meninas, vão fazer o almoço que hoje é domingo. Nem o dia do Senhor vocês respeitam?

Os ânimos se acalmavam. Ouvia-se o soluçar compulsivo das mulheres recolhidas em seus quartos. Então dona Augusta, de queixo empinado e sem dizer uma palavra, abria o portão e atravessava no sentido inverso o corredor de curiosos, que novamente se abria em sua homenagem na calçada.

Os balões

Tenho boas lembranças da minha mãe nessa época. Era carinhosa, magra, morena, e se vestia bem mesmo em casa, com roupa que ela mesma costurava. Forrava as gavetas com toalhas de renda, fazia as panelas brilharem e, quando me via sujo na rua, chamava para que eu me lavasse. Todos diziam que era uma mulher prestimosa; eu achava linda essa palavra.

À tarde, com minha irmã na escola, íamos ver meu irmão na rua João Teodoro. Ela subia devagar as escadas do sobrado e sentava na cadeira de balanço do meu avô, para descansar do esforço. Depois, punham meu irmão no colo dela e ela o cobria de beijos. Eu não tinha ciúme, achava bonito vê-la rindo com meu irmão pequeno no colo.

Meu irmão e eu, em primeiro plano; atrás da árvore, meu primo Flávio.

Aos domingos, folga do meu pai, pegávamos o bonde para visitar a tia Olímpia, irmã e confidente de minha mãe, em Santana. A tia morava com o marido e dois filhos numa chácara cercada de ciprestes, na rua Voluntários da Pátria, quase em frente à Caixa d'Água, perto da Padaria Morávia. Naquela região, havia muitas dessas chácaras; produziam hortaliças que eram transportadas de carroça para as quitandas ou anunciadas aos gritos de porta em porta.

No começo da Voluntários da Pátria acabava o calçamento. Ali, junto à Padaria Polar, onde hoje há uma agência bancária, existia um bebedouro redondo, de ferro, com água para os cavalos que chegavam à cidade pela Zona Norte, depois de descerem a serra da Cantareira. Hoje, quem vê o bairro de Santana com a Caixa d'Água, custa a acreditar que menos de cinquenta anos atrás existiam chácaras ali.

Nessas reuniões familiares, eu encontrava meus primos queridos: dois filhos dessa tia e três do tio José, irmão mais velho da minha mãe. Sujos de terra, em bando pelos quatro cantos da chácara, trepávamos nas árvores, dávamos comida para os patos no laguinho, cortávamos capim-gordura para o Gualicho, o cavalo que puxava a charrete do meu tio, e jogávamos bola em gol de verdade, com trave de bambu do taquaral.

Quando chegava a hora de ir embora, meus primos e eu chantageávamos minha mãe, para que ela me deixasse ficar lá até o domingo seguinte. Insistíamos tanto que às vezes eu acabava conseguindo. Era o máximo da felicidade!

Minha mãe, aos vinte anos, pouco antes de casar.

Hoje os balões são proibidos porque provocam incêndios pavorosos, mas naquele tempo o céu de junho ficava salpicado com as luzes deles. Na chácara, caíam sem parar — e, na nossa imaginação infantil, achávamos que eram atraídos pelo para-raios da Caixa d'Água. Nessas ocasiões, a primeira providência era correr para soltar a Luca, uma pastora alemã de latido grosso que barrava a molecada do bairro do lado de lá da cerca, enquanto um de nós agarrava o balão pela boca e apagava a tocha. Eram tantos balões que fazíamos rodízio entre os primos para pegá-los. Não conheci alegria maior: pegar nas mãos um presente iluminado que caiu do céu.

Fui tão fanático por balão que uma vez, depois de uma chuva forte, saí

correndo atrás de um, sem calçar o sapato para não perder tempo. O balão caiu na rua Caetano Pinto, um dos redutos mais italianos do Brás, mas cheguei atrasado. Então voltei com o Arlindo, meu vizinho, e ia andando pela enxurrada que corria no meio-fio quando ele reparou:

— Engraçado, quando você pisa com o pé esquerdo a água fica vermelha...

Um caco de vidro tinha feito um corte fundo na planta do meu pé, sem eu sentir. Tudo por causa da correria com os olhos fixos no céu.

A aliança

Com o tempo ficou claro que minha mãe era portadora de uma doença rara, que enfraquece progressivamente os músculos e para a qual poucos recursos existiam na década de 40. De fato, as forças abandonavam o corpo dela: para subir os poucos degraus de casa, precisava apoiar-se na minha irmã ou em mim. Já não conseguia visitar os pais para ver meu irmão, eles é que precisavam trazê-lo.

Logo a debilidade se instalou tão intensa que ela caiu de cama. Para ir ao médico, meu pai tinha que levá-la no colo até o táxi. Minha irmã e eu acompanhamos seu sofrimento diário, embora ela procurasse escondê-lo com um sorriso delicado que ficou para sempre em nossa lembrança.

O tampo da cômoda do quarto vivia forrado de remédios e injeções cada vez mais inúteis. Minhas avós, tias e outras senhoras se revezavam ao lado dela e nos momentos de crise corriam para socorrê-la. De madrugada, era meu pai quem a atendia, magro, de olhos pretos encovados. Uma noite, acordei com ele em pé em cima da cama, segurando-a pelas pernas, magrinha, de cabeça para baixo, porque ela havia engasgado e não tinha força para tossir.

Minha mãe e meu pai tinham a mesma idade: trinta e dois anos, na época. Eu tinha quatro anos, e gostava de pegar na mão dela para ver o contraste com a minha, queimada de sol. Na rua, evitava me afastar do portão, porque se precisasse chamar alguém para acudi-la ou aplicar injeção, ninguém corria mais depressa do que eu. O senso de responsabilidade em relação a ela me deixava orgulhoso; ao contrário das outras crianças, que eram cuidadas pelas mães, eu é que tomava conta da minha.

Num domingo nublado, o movimento em casa começou mais cedo. Quando acordei, ela estava sentada na beira da cama, os pés inchados, com uma pilha de travesseiros no colo, em cima dos quais repousava a cabeça sobre os braços entrelaçados. A respiração estava mais ofegante e as veias do pescoço saltadas, azuis. No nariz havia um tubo ligado ao balão de oxigênio. Lembro que tomei café e dei um beijo demorado em seu rosto pálido. Ela não sorriu dessa vez, apenas voltou os olhos sem luz na direção dos meus. Eu quis ficar sentado no tapete ao lado dela, mas ninguém deixou.

Fui para o portão assistir ao jogo dos mais velhos na porta da fábrica. O Flávio, meu primo e herói — porque aos catorze anos já trabalhava de terno e gravata na Radional, uma companhia de transmissões telegráficas e radiofônicas — jogava como ponta-direita. Sentei ali quietinho, sem entender por que não me deixavam ficar com a minha mãe.

Logo depois, a tia Leonor foi buscar meu tio Amador e o meu pai, que tinha ido dormir um pouco na casa da vó Aurélia. Na volta eles passaram calados pelo portão. Meu pai tinha a barba por fazer.

De repente, o silêncio caiu lá dentro. Sem barulho, cheguei até a porta do quarto e parei atrás da minha irmã. Entrava uma luz cinzenta pela janela. Todos permaneciam imóveis em volta da cama. Debruçada sobre a pilha de travesseiros, minha mãe respirava a intervalos longos. Depois, o braço dela despencou dos travesseiros, a aliança de casamento caiu da mão, correu pelo assoalho e fez três voltas antes de parar.

A casa da vó Aurélia

Meu pai, a Maria Helena e eu fomos morar com a vó Aurélia e o tio Amador, na casa dela, ao lado. O Fernando continuou com meus avós maternos e o tio Durval, mas eu estava sempre com ele porque era perto. Para mim, a vida não mudou: futebol, bolinha de gude, empinar pipa, rodar pião, colecionar figurinha de jogador das balas Seleções, o amor da avó espanhola e o carinho do tio Amador, que à noite, na cozinha, me sentava no colo para ver comigo o canário, que ficava para lá e para cá no balancinho da gaiola, até apagar a luz.

Em compensação, ganhei mais liberdade para andar pelo bairro, porque as avós são menos autoritárias do que as mães.

Meu tio Amador gostava muito de estudar e me deixava brincar com caixa vazia de amostra grátis de remédio, ao lado da escrivaninha. No quarto ele tinha um esqueleto humano com caveira e tudo, pendurado num suporte e coberto com lençol. O esqueleto era meu amigo íntimo, nós conversávamos, eu apertava a mão dele, levantava os membros para ver como o movimento de um osso afetava a posição dos outros e ficava intrigado sobre como teria sido a vida *dele* (porque o meu tio sabia que era de um homem).

Minha avó espanhola, mãe do meu pai.

Eu podia mexer no esqueleto, mas o tio insistia em que eu tivesse cuidado e respeito. De modo geral eu tinha, mas às vezes, quando o tio saía, eu escurecia o quarto e convidava um ou dois moleques da rua para descobrir um tesouro lá em casa. Entrava com eles pé ante pé, com as tábuas do corredor rangendo, e ia até o quarto envolvido na penumbra. Quando se acercavam em volta do suposto tesouro coberto, num movimento rápido eu puxava o lençol e gritava com a voz mais grossa que conseguia: "É a morte!".

O esqueleto chacoalhava no suporte e a molecada, em pânico, corria feito barata tonta pelo corredor. Apavorados, alguns se perdiam pela casa e iam parar na cozinha, onde estava minha avó, que gritava comigo e fazia com que eles se assustassem mais ainda. Depois as mães vinham reclamar que os filhos não conseguiam dormir à noite, de medo.

A morte de minha mãe aproximou minha irmã de mim. Três anos mais velha, ela entendia melhor o significado da ausência da mãe e tentava me proteger com carinho e com o instinto maternal das meninas. Lia história à noite, ajudava nas lições e me dava conselhos. A adversidade que enfrentávamos sem eu compreender direito criou entre nós laços afetivos que duraram para sempre.

O dr. Isaac

Um dia acordei esquisito, com um peso nas pernas, e fui tomar café. Minha avó levou um susto:

— Como os teus olhos estão inchados, filho!

Depois do almoço, meu pai me levou ao dr. Isaac. Eu já estava com seis anos e era a primeira vez que ia ao médico; só os filhos de famílias de posses tinham pediatra. O dr. Isaac disse que eu estava com nefrite, uma inflamação que se instala nos rins e provoca inchaço no corpo. Receitou injeções de penicilina, trinta dias de repouso absoluto na cama e um regime alimentar inacreditável: três dias sem comer nem beber uma gota de água sequer, seguidos de mais três com apenas um cálice de suco de laranja de manhã, à tarde e antes de dormir. No total, seis dias sem comer, dos quais os três primeiros sem beber.

Na semana seguinte eu já podia tomar mais líquido e nas refeições comer um pratinho de arroz cozido sem sal, com mel espalhado por cima. Na terceira e quarta semanas, duas batatas e um chuchu no almoço e no jantar, mais o insuportável arrozinho com mel de sobremesa. Daí em diante, pude sair da cama e comer o que quisesse, desde que não tivesse sal. Estava mais magro do que sempre fui. Na rua os meninos me chamavam de esqueleto ambulante.

Embora a penicilina já existisse, a medicina era muito atrasada. Nesses casos de nefrite, os médicos deixavam o doente sem comer ou beber pelo máximo de tempo possível, porque acreditavam que os rins inflamados precisavam "descansar". Mais tarde, os estudos demonstraram que esse conceito estava errado: quem curava o doente eram as injeções de penicilina; deixar a criança passar sede e fome não tinha nenhuma utilidade.

O pior era não tomar líquido! A fome não é nada, comparada com a sede. No segundo dia sem beber água, quase fiquei louco. A boca ardia de seca, os lábios grudavam e o sono durava pouco, sempre interrompido pelo mesmo sonho com a negra que vendia manjar. Ela surgia de branco, o tabuleiro equilibrado na cabeça, e me oferecia um copo de água fresquinha; quando eu estendia a mão para apanhá-lo, o copo caía, se espatifava e eu acordava chorando. Deitado ali comigo, meu pai molhava meus lábios rachados com um algodão úmido.

O terceiro dia eu passei num estado de torpor, mais dormindo do que acordado, a figura da negra indo e voltando com o copo de água que fugia do meu alcance. À noite, acordei tantas vezes que meu pai desistiu de dormir, acendeu a luz, pegou um livro e me deu a mão. Na manhã seguinte, quando minha avó trouxe o suco de laranja, eu estava tão fraco que já nem fazia questão de tomar.

Não existiam muitos remédios nem as vacinas de hoje. Todas as crianças pegavam catapora, coqueluche e caxumba, e muitas morriam de diarreia, sarampo ou difteria, uma doença que dava dor forte na garganta. Essas enfermidades, chamadas de "doenças de criança", eram tão comuns que pareciam inevitáveis. Na vizinhança, quando aparecia um menino com caxumba, por exemplo, as mães levavam os filhos para brincar com ele e pegar de uma vez. Acreditavam que, quanto mais nova fosse a criança, menos mal a doença lhe faria.

Os pais sofriam o pavor da poliomielite, ou paralisia infantil, doença causada por um vírus que provoca paralisia definitiva de certos músculos. Qualquer febrinha que deixasse a criança mais largada já assustava todo mundo: seria poliomielite? Na rua, na escola, em toda parte havia alguma criança com hastes ortopédicas para dar apoio às pernas paralisadas. (A poliomielite desapareceu do Brasil com a vacina Sabin, uma simples gotinha pingada na boca dos bebês.)

Recém-nascidos e muitas mães morriam de parto, mas na geração anterior à minha era pior: não existia antibiótico. As mulheres tinham sete ou oito filhos para conseguir criar três ou quatro; os outros morriam de infecções hoje banais. E na época dos meus avós, então, era pior ainda. Quem escapava das epidemias morria ao redor dos quarenta. Uma mulher de cinquenta anos era considerada velha, e se um homem atingia os sessenta podia aparecer no jornal: "Sexagenário atropelado na Praça da Sé".

Meus avós contavam casos da gripe espanhola, epidemia mundial que fez muitas vítimas em São Paulo, em 1918. Essa gripe dava febre de delirar, dor forte no corpo e uma tosse horrível, que espalhava o vírus letal pelo ar. Várias pessoas caíam de cama na mesma casa; os que conseguiam ficar em pé cuidavam dos parentes. No Brás morreu tanta gente, que não havia tempo para enterros: as famílias velavam os mortos durante a noite e punham os corpos na calçada para as carroças funerárias recolherem pela manhã.

Quando eu ouvia as histórias da gripe espanhola, ficava imaginando pilhas de mortos nas carroças e eu — homem adulto, de óculos, capa de chuva e maleta de couro igual à do dr. Isaac — examinando os doentes de casa em casa com o estetoscópio, no meio da epidemia.

Futebol

Em 1950, ninguém tinha TV em casa na rua Henrique Dias. Os primeiros aparelhos de televisão estavam chegando ao Brasil e custavam muito caro. Eu escutava no rádio todos os jogos do São Paulo e até os do Corinthians, por causa do tio Constante.

Uma vez, meu tio Odilo, irmão mais velho do meu pai, prometeu me levar ao estádio do Pacaembu para ver o São Paulo se eu me portasse bem. Virei santo naquela semana de espera interminável. No sábado depois do almoço ele veio me buscar; eu já estava pronto desde as onze da manhã. A rua inteira sabia que eu ia assistir a São Paulo versus Nacional, um time fraco escolhido a dedo pelo tio Odilo para não desiludir meu coração são-paulino.

Gostei do amendoim embrulhado em canudo de papel, achei lindo o verde

Jogo no Pacaembu, 1950. (Eu não sou nenhum desses meninos.)

do gramado, as cores dos uniformes e o estrondo dos foguetes, mas os jogadores me decepcionaram um pouco, apesar de ganharem por dois a zero.

Pelo rádio o jogo era mais emocionante: "Teixerinha mata no peito, baixa na terra, passa por um, por dois, invade a área, fulmina e é gol!". Na minha imaginação infantil, aquele homem que matava no peito, invadia e fulminava tinha superpoderes. O gol do locutor reverberava em meus ouvidos, longo, interminável: gol do São Paulo! Quanta alegria! No campo era menos emocionante, os jogadores de carne e osso erravam passes, chutavam para fora e perdiam gol cara a cara, exatamente como nós na porta da fábrica.

Então veio a Copa do Mundo de 1950 e o Brasil foi para a final com o Uruguai, no Maracanã. O país parou naquele domingo de sol e, com ele, o Brás. Almocei e fui encontrar meu primo Flávio, para ouvirmos a transmissão da partida no Armazém Simões, que os irmãos Lauro, Laurindo e Laurentino tinham herdado do pai e que ficava na esquina, embaixo do sobrado dos Bemposta. A tia Leonor, mãe do Flávio, sempre brincalhona, me deu um pedaço de goiabada cascão e nós fomos para lá.

Escutei a irradiação sentado numa pilha de sacos de arroz, todo importante, ao lado dos moços no balcão. Estavam lá o Honório e a Honorina, irmãos do Lauro, Laurindo e Laurentino; o Caçapa, funcionário do Gasômetro que jogava bola na rua com um gorro de redinha para prender o cabelo; o Isidoro, que uma

vez me defendeu de um engraxate valentão; os irmãos Zeca e Fernando Braulio; o negro Gradim e outros que disputavam partidas sensacionais na frente da fábrica, nas tardes de sábado e nas manhãs de domingo, dias de folga para eles.

O Brasil marcou primeiro: gol de Friaça, ponta-direita do São Paulo. No segundo tempo o Uruguai empatou, mas não abalou os que estavam ali: todos tinham certeza de que seríamos campeões mundiais pela primeira vez. Os fogos para a comemoração já aguardavam no canto, ao lado de um balão estrela verde e amarelo decorado com o nome dos jogadores.

O desastre veio pelos pés do uruguaio Gighia, autor do segundo gol. O armazém ficou mudo, apenas o cheiro de saco de mantimento no ar. A voz do locutor perdeu o brilho, melancólica:

— Está encerrada a peleja no Maracanã. Uruguai, campeão do mundo!

Ficaram todos de cabeça baixa por tanto tempo, que parecia brincadeira de como está fica. Em silêncio, depois, saíram desolados, alguns com lágrimas nos olhos. O Caçapa deu um murro estrondoso na porta do armazém e foi confortado pelo seu Albino das Neves. Esse seu Albino era um português com barriga d'água que meu tio médico periodicamente esvaziava com uma seringa enorme; o líquido amarelo que saía ele jogava no penico, embaixo da cama.

Encostado na carroceria de um caminhão, a cabeça apoiada no braço direito, o Isidoro soluçava feito criança. Era a primeira vez que eu via homem chorar sem ninguém ter morrido.

Tio Juanito e o Diamante Negro

Minha avó Aurélia brigava comigo quando eu sumia pelo bairro, mas era uma mulher tão doce que bastava um beijo apertado para derreter o coração dela. Com seis anos, eu tinha mania de ir escondido até o campo do São Paulo, no Canindé, onde hoje é o estádio da Portuguesa, às margens do rio Tietê. Distância grande demais para uma criança andar.

No Canindé morava também um irmão da minha avó, o tio Juanito, um espanhol de bengala e sorriso encantador. Tio Juanito pegava o bonde para o trabalho toda manhã, sempre no mesmo horário. Um dia o bonde passou e ele não estava no ponto. São Paulo era uma cidade tão pequena que o motorneiro achou estranho. Desceu do bonde e tocou a campainha:

— Ô, seu Juan, perdeu a hora?

Tio Juanito apareceu na janela do sobrado:

— Não vou mais, me aposentei no Correio.

O tio Amador gostava de visitá-lo e eu de ir com ele, por causa do sorriso do tio Juanito, das moedas que me dava para o sorvete de groselha e sobretudo por causa da vizinhança: ele morava em frente à concentração do São Paulo e conhecia os jogadores. Numa dessas visitas, estávamos de saída, o tio Amador e eu já na rua, o tio Juanito na janela terminando de contar um caso, quando um homem negro de sapato preto e branco virou a esquina em nossa direção. Perdi a fala: era o Leônidas da Silva, o Diamante Negro, centroavante do São Paulo e da Seleção, o Pelé da época.

À direita, tio Juanito; abaixo, Leônidas da Silva.

Leônidas parou sob a janela e cumprimentou o tio Juanito, que nos apresentou. O craque passou a mão na minha cabeça, de cabelo cortado bem rentinho com topete na frente. Fiquei paralisado de vergonha!

Mas acabei criando coragem:

— Que sapato bonito, seu Leônidas!

Ele riu e perguntou se eu queria para mim.

Quando contei aos amigos que tinha conhecido o Leônidas da Silva em pessoa, ninguém acreditou. Nem os meus primos.

Na traseira do caminhão

Quando eu tinha sete, oito anos, virou moda na Henrique Dias chocar caminhão: pendurar-se na traseira do veículo e saltar na virada da esquina. Uma vez, choquei o caminhão de lixo e quando pulei na frente de casa, meu pai, que chegava do trabalho, estava parado no portão com cara de quem não gostou da gracinha. Recebi o mais detestável dos castigos: domingo inteiro de pijama na cama.

Cabeça-dura, repeti a façanha outras vezes, até que decidi chocar a caminhonete do seu Germano, o alemão da fábrica em frente, só para me exibir para os meninos, que morriam de medo dele. Sentei na calçada ao lado da caminhonete. Dois operários puseram umas caixas na carroceria. Seu Germano, saindo para o almoço, deu a partida. Eu pendurado atrás. Infelizmente, na esquina, em vez de diminuir a velocidade ele acelerou, e me faltou coragem para pular.

Fomos na direção do largo Santo Antônio, cada vez mais depressa, eu com os ossos batendo na lataria, morto de medo de cair. Ao chegar no largo, duas senhoras me viram naquela velocidade e gritaram para parar. Seu Germano nem ouviu. Com os braços cansados, fiz um esforço para saltar para dentro da carroceria, mas a caminhonete pulava feito cavalo bravo nos paralelepípedos da rua e eu não consegui. Tentei de novo e não deu. Mais uma vez, pior ainda. Então, fiquei apavorado. Achei que ia morrer e que meu pai ia ficar muito triste, porque ele sempre dizia: "Deus me livre, perder um de vocês".

Talvez o medo da morte tenha me dado força na quarta tentativa: esfolei a canela inteira, mas consegui passar a perna e impulsionar o corpo para dentro.

Caí no meio das caixas, com o coração disparado, e chorei. Quando a caminhonete parou na porta do seu Germano, achei melhor ficar quietinho entre as caixas, até ele voltar para a fábrica depois do almoço. Também não deu certo: ele resolveu descarregar a caminhonete e me encontrou escondido. Tomou um susto tão grande que até pulou para trás:

— Menino dos infernos! Como veio parar aqui?

Expliquei que só queria chocar até a esquina, mas a velocidade tinha sido tanta... Ele ficou enfezado e disse que ia contar para o meu pai. Pedi para não fazer isso porque eu ia apanhar, mas ele não se importou, falou que era merecido até. Mostrei as pernas esfoladas, ele não se comoveu. Por fim, contei dos domingos de castigo na cama. Nesse momento, brilhou um instante de compaixão no olhar dele:

— Seu pai deixa você de pijama, deitado o domingo inteiro?

— Só quando eu desobedeço muito.

— Está louco! Teu pai é severo como o meu, na Alemanha. Entre na caminhonete que eu te levo de volta.

No caminho, ele me deu conselhos e me contou do pai. Achei que os castigos do pai dele eram muito piores. O meu nunca tinha me trancado no guarda-roupa a noite inteira. Seu Germano concordou em manter segredo, desde que eu prometesse nunca mais chocar veículo nenhum. Desde então, apesar do jeito bravo, ele ficou meu amigo. Quando me encontrava, às vezes dizia:

— Não vá esquecer: menino que cumpre a palavra merece respeito.

Homem de palavra

Quando fiz oito anos, vó Aurélia ficou muito doente. Mais experiente dessa vez, pressenti que iria perdê-la e deixava até o futebol para aproveitar a companhia dela. Conversávamos horas, eu sentado ao pé da cama, bordando um tapetinho de lã que a professora tinha me ensinado a fazer na escola.

Um dia, no final da manhã, ela passou mal e meus tios apareceram em casa. Meu pai chegou cedo para o almoço mas não voltou para o trabalho: arrumou a gente, mandou minha irmã para a casa do tio Odilo e eu acabei indo para a casa dos meus avós maternos, de novo contra a minha vontade.

Lembro que subi no terraço do sobrado da João Teodoro e passei um tempo olhando para o edifício Martinelli, lá no centro da cidade. Depois, deitei no chão, vendo as nuvens brancas passarem no céu azul-claro, e chorei sozinho.

Sofri muito mais do que quando minha mãe morreu. Estava mais crescido; entendia um pouco melhor o mistério da morte. Já sabia que era a ausência definitiva.

No primeiro momento fiquei assustado. Sozinho com minha irmã, meu pai no trabalho até tarde da noite — o que seria de nós? Na hora do enterro me abracei com ele:

— E agora?

— Não precisa ter medo, filho, vocês têm pai.

Homem de palavra, foi pai e mãe ao mesmo tempo. Contratou uma senhora de confiança para cuidar da casa e continuou a luta dele. Na hora do almoço, fazia trança na minha irmã, alisava a saia pregueada do uniforme, brigava comigo se meu sapato estivesse mal engraxado, despachava a gente para a escola, comia um prato de arroz e feijão com caldo grosso, bife, batata frita e salada de alface e, antes de voltar para o trabalho, passava nos meus avós maternos para ver o filho caçula. Não saía sozinho nas noites de sábado nem aos domingos, únicos períodos em que não trabalhava. Descobriu talento para a cozinha: esticava massa e fazia um macarrão delicioso, bolo de abacaxi, torta de banana, panqueca de goiabada, frango com molho de ervilha e papos de anjo que vocês não imaginam.

Domingo à tarde, tocava piano. Aí, talvez por causa da música ou porque

os outros meninos saíam com os pais e deixavam a rua vazia, eu ficava um pouco triste. À noite, deitava com a gente e contava história. Dizia que mudaríamos do Brás, para uma casa com rosas no jardim, e estudaríamos na faculdade.

Liberdade

Eu não entendia direito por que ele fazia questão de sair do Brás. Eu era feliz ali, tinha amigos e liberdade. Muita liberdade. Sem mãe nem avó, agora eu era o rei da rua; desencaminhava até os mais velhos:

— Quero ver quem é homem de ir comigo até o campo do São Paulo e depois pescar peixinho no Tietê!

Se alegavam que a mãe não os deixava ir, eu os chamava de bobos, covardes e poltrões (não sei com quem aprendi essa palavra) e insistia para irmos escondidos. Se apanhassem na volta, tudo bem, já teríamos nos divertido.

E saía à frente do grupo, magro feito um bambu, orgulhoso, porque ninguém conhecia o caminho tão bem. Atravessávamos ruas de terra, avenidas movimentadas e terrenos baldios cheios de pássaros, até o campo do Serra

Vista do rio Tiête, quando eu o conheci.

Morena, para então chegar ao do São Paulo e parar maravilhados diante do distintivo tricolor pintado na parede. Dali, cruzávamos o mato até a margem do Tietê (a avenida Marginal não existia).

Naquela época o rio Tietê não era poluído como hoje. Na geração do meu pai, menos ainda; meu tio Amador participou de competições de natação ali.

Era muito difícil chegar até as águas do rio. O barranco era alto e inclinado. Mas na beirada dele havia o mourão de uma cerca que facilitava a tarefa: o mais forte do grupo agarrava bem firme nesse mourão e dava a mão para o seguinte, que segurava a mão do próximo e assim até alcançar a água. O mais levinho de todos, geralmente eu ou um outro magricela que morava na rua de cima, era o último a descer. Levava na mão direita uma lata de cera Parquetina com o fundo todo furado a prego e, agarrado à fila, passava a lata na água para pescar os peixes que nadavam na superfície.

Coisa de menino maluco: em fila, pendurados no barranco, se escapasse a mão de um, todos os que estivessem abaixo cairiam na correnteza, e ninguém sabia nadar.

Voltávamos para casa com peixinhos prateados, minúsculos, brilhantes, que

ficavam escondidos das mães em vasilhas com água no quintal, alimentados com farelo de pão enquanto sobrevivessem.

A magreza tinha suas vantagens. Quando a bola do futebol dos mais velhos caía no telhado da fábrica em frente, alguém precisava subir pelo muro alto da casa da vizinha. Havia para isso uma pessoa indispensável: o Gordo, um rapaz de quinze anos, filho de sicilianos, que andava pela rua comendo sanduíche de meio filão de pão com goiabada e banana. O Gordo encostava na parede e o primeiro subia nos ombros dele, aí trepava o seguinte e depois mais outro, como acrobatas de circo, até alcançar o telhado.

A tarefa era executada pelos mais velhos, os pirralhos não tinham vez, nem as mães permitiam que participassem. Toda vez que a bola caía no telhado e a escada humana se formava, eu pedia para subir. Eles não deixavam, mas eu insistia que era levinho, ideal para a tarefa. Devo ter amolado tanto que um dia o Gordo perdeu a paciência:

— Deixe esse esqueleto subir! Assim ele cai, quebra a cara e para de infernizar!

Subi descalço, de ombro em ombro, e andei pelas telhas até achar a bola. Parei na beira do telhado com todos olhando para cima e joguei a bola para baixo, cheio de orgulho. Daí em diante, a escada humana tinha dois participantes indispensáveis: o Gordo e eu.

Por azar, uma vez a tia Helena, mulher do meu tio José, veio visitar os pais dela, que eram vizinhos nossos, e me viu descer do telhado. Contou ao meu pai e ele me pôs de castigo: domingo inteiro de pijama na cama, com rádio desligado. Não pude ouvir o São Paulo.

Domingo de Ramos

Nem tudo era brincadeira nas ruas do Brás. Havia meninos brutais que batiam nos menores e proibiam a gente de passar pela rua deles. Os piores eram os calabreses da rua Júlio Ribeiro — por azar, bem no caminho da escola. Um deles, grandão, de bochecha vermelha, era tão perverso que pegava um punhado de terra preta, segurava os mais novos pela gola da camisa e esfregava a terra na boca e nos olhos deles. Eu mesmo apanhei várias vezes ao passar por lá, e não havia como reagir, com aquela magreza; eles eram quatro, cinco anos mais velhos.

Quando ia para a escola, uma vez, dois deles me bateram. Cheguei com o uniforme rasgado e a boca inchada. A professora me levou para a enfermaria e passou mercurocromo nos esfolados. Fiquei com tanta raiva que jurei me vingar.

Serrei um cabo de vassoura, lixei a ponta e esculpi minhas iniciais com o canivete do tio Constante, que eu peguei escondido. Passei dias atrás deles, sorrateiro, com o pedaço do cabo de vassoura escondido embaixo da roupa.

Peguei o primeiro voltando distraído da Confeitaria Bom Gosto, com um filão de pão e um litro de leite, que naquela época era de vidro, fechado com tampa de alumínio. Na surpresa, cruzei depressa a rua e dei com o cabo nos braços dele: o pão voou e o leite espatifou no chão. Corri para a João Teodoro e me escondi na casa da vó Ana. Duas esquinas depois, ainda escutava os berros do menino.

O de bochecha vermelha teve um encontro com o castigo na volta da missa na igreja de Santo Antônio. Era Domingo de Ramos, antes da Páscoa, dia em que os católicos celebram a entrada de Jesus em Jerusalém e levam ramos de palmeira para o padre benzer. Ele vinha de terno azul-marinho, compenetrado e carregando o missal. Parecia um santinho, isso é que me deu mais raiva. O cabo de vassoura chegou por trás, covarde, para acertar o ombro dele com força. Infelizmente, ele percebeu meu vulto no ataque e se virou depressa. Mas o golpe já havia sido desfechado, não foi possível mudar o trajeto da pancada: pegou em cheio no topo da cabeça do coitado! Eu me assustei e cheguei ofegante na vó Ana, morto de medo de que a polícia viesse me prender.

Não fui preso, mas fugia da rua Júlio como o diabo da cruz. Uma vez, saí atrasado para a escola e não pude fazer outro caminho. Quando virei a esquina,

dei de cara com os dois sentados na soleira de uma porta, tão perto que não dava mais para correr. Passei firme, com a respiração presa, sem demonstrar medo e decidido a me vingar de novo, se fosse o caso. Os dois fingiram não me ver.

Na porta das casas

Meu pai deixava ordem para nos recolhermos às sete. Minha irmã e eu fazíamos as lições depois do jantar e deitávamos cedo. A rotina só era quebrada nas noites quentes, quando os homens puxavam as cadeiras para a calçada e se sentavam a cavalo nelas, de camiseta sem manga, com as pernas abertas e os braços cruzados sobre o espaldar. Passavam horas conversando, com a criançada em volta brincando de amarelinha, esconde-esconde, pular sela e mãe da rua. Depois de lavar a louça, também as mulheres vinham apanhar um ar, como diziam.

Nessas noites eu gostava de sentar com o tio Constante e ouvir os adultos: a vida na fábrica, o tamanho dos cachos de uva na Itália, os porões do navio que os havia trazido, o feno que armazenavam nos celeiros, a fome e o frio que os obrigava a dormir nos estábulos, encostados nas vacas para esquentar.

As histórias que mais me fascinavam eram as da guerra: bombas que caíam assobiando, corpos dilacerados, escombros, rajada de metralhadora e campos de concentração em que serviam apenas uma batata de almoço. Gostava em particular da descrição da morte de Mussolini, o ditador fascista italiano, contada pelo seu Nicola, de boina na cabeça, sempre com as mesmas palavras:

— Pegaram o desgraçado num posto de gasolina, fugindo disfarçado. Enforcaram e depois penduraram de cabeça para baixo, como porco na porta do açougue!

Não importa a idade, os homens tinham ar de senhores. Jamais trocavam de roupa ou diziam palavrão na frente das crianças — eu até achava que adulto não sabia falar palavrão. Tratavam-se com cerimônia e respeitavam a palavra empenhada: dar a palavra de honra valia mais do que papel assinado. Falavam de um mundo distante do Brás, sem comida, com aldeias cobertas de neve, trincheiras e metralhadoras espalhando a morte por todos os cantos. Eu não conseguia entender como podiam sentir saudades da terra natal.

Cineminha Kolynos

O caminhãozinho passou anunciando pelo alto-falante:

— Atenção, meninos e meninas! Hoje à noite, na rua Henrique Dias, venham assistir ao Cineminha Kolynos, com a comédia *A casa mal-assombrada*! Estrelando: o Gordo e o Magro! Não percam, crianças, Cine Kolynos, a pasta dental que dá brilho ao seu sorriso!

Ninguém jogou bola naquele dia. Nas conversas, era só o Gordo e o Magro, dupla de comediantes americanos da época do cinema mudo. O Pedrinho, vizinho meu, tinha visto um filme deles na televisão de uma tia que morava nos Campos Elíseos. Ali na rua ninguém mais tinha visto televisão. Foi um custo convencer meu pai a me deixar sair naquela noite, precisou a tia Leonor telefonar para ele no escritório. E na escola, Deus me livre! As aulas não acabavam.

    O caminhãozinho preto da Kolynos, com um tubo de pasta de dente desenhado na porta, encostou às sete e meia: armaram a tela, instalaram o alto-falante na janela da fábrica e nós corremos para sentar na calçada.

    Achei um lugar bem perto da tela. Aí, o Odil chegou, olhou para todo mundo, viu um espaço entre mim e o Arlindo e se esgueirou entre a molecada para sentar ali. O Odil era mais novo, bonzinho, morava no porão de uma daquelas casas da briga das mulheres. E sofria de rinite alérgica: o nariz escorria o dia inteiro, mas ele não usava lenço, enxugava nas costas dos braços, de cima para baixo, alternadamente, uma vez no esquerdo, outra no direito. A luz do sol brilhava quando refletia ali.

Acomodado em frente à tela, num lugarzinho que eu não queria perder de jeito nenhum, senti um frio úmido no braço quando ele encostou. Tantos meninos e o Odil tinha que sentar justo perto de mim. Afastei meu braço depressa, mas o líquido pegajoso não desgrudou, formou uma ponte mucosa larga entre mim e ele. Dei um puxão com força: que nojo! E se eu saísse para me limpar perderia o lugar no cinema!

Resignado, afastei-me o quanto pude do Odil e assisti ao filme. Começou com umas crianças loiras, parece que canadenses, escovando os dentinhos na pia do banheiro. Todos arrumados, de pijama azul os meninos e elas de cor-de-rosa, cabelo bem penteado. Nenhuma cárie visível. Muito diferentes das crianças que eu conhecia. As meninas pareciam as fadas dos livros.

Depois vieram o Gordo de bigodinho e paletó apertado e o Magro com cara de sonso. Enfrentavam portas que abriam por conta própria, camas que andavam pelo quarto, pontapés invisíveis no traseiro e outros perigos na casa mal-assombrada. Tomamos sustos e choramos de rir na calçada.

Fiquei encantado pela magia do cinema, até hoje. E cheio de curiosidade pelas crianças, que voltaram a escovar os dentes no final, para felicidade das mamães sorridentes, loiras e penteadinhas como elas. Naquela noite estrelada, esfregando sabão no braço sujo embaixo da torneira do tanque, comecei a entender meu pai: existia outro mundo para lá das porteiras da estrada de ferro do Brás.

Contrastes culturais

Vizinha à nossa casa morava a professora de piano da minha irmã. Aos domingos essa senhora fazia audições com os alunos: tocavam violino, piano e cantavam ópera. Numa delas, eu ia passando pela casa e ouvi uma voz grossa: "Vienne per la strada del buosco, el tuo nuome connosco...". Entrei pelo corredor lateral da casa, parei na porta da sala e fiquei ali para escutar melhor. Era uma canção triste.

Aí chegou uma senhora encorpada de meias pretas e sombrinha, e me surpreendeu distraído do lado de fora da porta:

— Você gosta de música, menino?

Fiquei envergonhado e disse que já estava de saída, mas ela me fez entrar. Mulher enérgica, difícil de contrariar.

Na sala, a vergonha aumentou, porque os homens estavam de gravata e as mulheres de roupa chique. Gostei muito do violinista que tocou um concerto de Paganini. E da *Polonaise* de Chopin, que uma moça tocou no piano. Durante o intervalo tomei guaraná com biscoito champanhe, coisa de luxo naquele tempo.

Embora o Brás fosse um bairro de operários imigrantes, eram visíveis os contrastes culturais. No largo da Concórdia havia um teatro grande que acabou destruído, o Colombo. Ali cantaram os maiores tenores da época: Tito Schippa e Caruso. Diversas companhias italianas de ópera e balés internacionais se apresentaram em seu palco.

Ao lado do Teatro Colombo erguia-se o Cine Babilônia, e, vizinho a ele, um sobrado com uma sacada na qual se apresentavam cantores populares para a plateia aglomerada no largo. Por ali passaram Orlando Silva, "o cantor das multidões", um dos maiores cantores brasileiros de todos os tempos, e Isaurinha Garcia. Foi ali o último show de Francisco Alves, antes de ele morrer num acidente que comoveu o país.

O largo da Concórdia foi palco de grandes demonstrações cívicas e manifestações de operários que lutavam por melhores condições de trabalho. Nessas ocasiões, a cavalaria da Força Pública atacava com bomba de gás lacrimogênio, cacetada e até tiros, às vezes. Os manifestantes corriam e jogavam rolha e bolinha de gude no chão, para desequilibrar os cavalos.

No cinema

No bairro havia muitos cinemas: o Rialto, o Brás Politeama, o São Caetano, o Roxy e o Piratininga, que, com mais de mil lugares, tinha uma placa no saguão de entrada: "Este é o maior cinema da América do Sul". Havia ainda o Oberdan, palco de uma tragédia ocorrida numa matinê, quando alguém gritou fogo e várias pessoas morreram pisoteadas. Havia também o Universo, que nas noites de verão abria o teto para os espectadores assistirem ao filme sob as estrelas do céu.

Depois do Gordo e o Magro no Cineminha Kolynos, fiquei tão encantado pelo cinema que não encontrava prazer maior do que uma matinê, a não ser pegar balão, é claro. Naquela época, aos domingos, as crianças iam sozinhas ao cinema. Nas sessões eram exibidos dois longas-metragens e seriados do detetive

Dick Tracy, sempre de impermeável, e do Charlie Chan, permanentemente envolvido nas tramas do bairro chinês, ao lado do filho mais velho, chamado carinhosamente por ele de "filho número um".

Passavam também filmes do Tarzan e faroestes com Roy Rogers montado no cavalo Trigger, Tim Holt, Buck Jones, Rocky Lane, Zorro, com seu amigo Tonto e o cavalo Silver, e outros justiceiros de punhos fortes e gatilho rápido. Muitos eram seriados apresentados em capítulos curtos que continuavam no domingo seguinte.

Quando começava o faroeste, a molecada uivava e batia os pés no chão; o cinema quase vinha abaixo. Na rua, mais tarde, com o revólver de brinquedo em punho, montados em cavalos imaginários, perseguíamos ladrões de gado pela vizinhança e invadíamos os quintais das casas dos amigos; o ambiente se enchia de estalidos de espoleta e gritos das mães, que nos enxotavam de volta para a rua.

Filmes sobre cadeia, paixão da minha infância.

Um parente da minha vó Ana era gerente do Cine Rialto e fazia meus primos e eu entrarmos por trás, sem pagar. Numa dessas vezes, assisti a um filme preto e branco que se passava numa cadeia. Um grupo de prisioneiros

planejava uma fuga e havia outros que eram inimigos deles. Fiquei tão hipnotizado pela trama que à noite custei a pegar no sono, e nos dias seguintes contei o filme a todos os amigos da rua.

O fascínio por filmes de cadeia, assim despertado, mais tarde me levou a fazer um trabalho médico voluntário durante muitos anos no maior presídio do país: o Carandiru, em São Paulo. Na primeira vez que entrei na prisão e a porta de ferro bateu atrás de mim, senti correr na espinha o mesmo frio daquela matinê no Rialto.

A fogueira

Aí meu pai começou a namorar a Zenilda, que trabalhava com ele nos escritórios da Mineração Geral do Brasil, na cidade. Aos domingos, íamos almoçar na casa dela, na Vila Mariana. Ela fazia arroz de forno, com ervilha, queijo e presunto.

Numa dessas vezes, voltei sozinho com ele de ônibus. Ele disse, então, que ia comprar um sobrado com jardim na mesma rua da casa dos pais da namorada. Falou que estava sozinho fazia muito anos, precisava casar e trazer o Fernando para morar com a gente. Parecia feliz, ia realizar o sonho de reunir a família e sair do Brás.

Com dez anos de idade, pressentindo que ia me separar dos amigos talvez para sempre, passei com eles meus últimos dias nas ruas, pelos quatro cantos do

bairro. No final, as mães programaram uma festa de despedida para a véspera da minha mudança.

Achei que a festa ia ser coisa de criança, mas estava enganado. Foi inesquecível! Espalharam mesas e cadeiras na calçada para os adultos e armaram uma fogueira grande no meio da rua. As mulheres fizeram pipoca, quentão, cachorro-quente e doce de leite; os homens assaram batata-doce e sardinha à portuguesa na brasa. Compraram até refrigerante para as crianças. Nessa noite, tomei a primeira Coca-Cola e fui escalado para soltar o balão mexerica, que subiu para o céu pingando gotas de breu incandescente. Depois, cortaram um bolo grande e cantaram *Parabéns a você*, como se fosse meu aniversário.

A fogueira ardeu até tarde.

No dia seguinte, meu pai casou na igreja e mudamos para a casa nova, que tinha o tal jardim onde ele plantou rosas coloridas, um pé de camélia branca e outro de jasmim-do-cabo, cheiroso. Meu irmão veio morar com a gente e nasceu minha irmã mais nova, a Maria Aurélia.

Meu pai continuou trabalhando duro, cuidando das plantas e fazendo almoço aos domingos, e encrencando feio quando eu tirava nota baixa. Minha irmã mais nova formou-se dentista, a mais velha, professora, e meu irmão e eu, médicos. Para orgulho dele, que pôde ver os filhos na faculdade.

Voltei algumas vezes ao Brás para visitar os amigos, meus avós, meus tios e primos que continuaram lá por mais alguns anos. Mas já não era a mesma coisa.

Sobre o autor e a ilustradora

DRAUZIO nasceu em São Paulo, em 1943. É médico cancerologista, formado pela Universidade de São Paulo, e uma das pessoas mais ativas que já passaram pela Terra. Foi um dos fundadores do Curso Objetivo, onde ensinou química por um bom tempo; dirigiu o serviço de imunologia do Hospital do Câncer (SP) durante vinte anos; deu aulas em várias faculdades do Brasil e em instituições do exterior; foi um dos pioneiros no tratamento da aids no Brasil, encampando campanhas de prevenção da doença no rádio; trabalhou como médico voluntário na Casa de Detenção do Carandiru, o maior presídio do nosso país, de 1989 até a sua desativação, em 2002, e sobre essa experiência escreveu *Estação Carandiru* (Prêmio Jabuti de Livro do Ano de Não Ficção); participa de séries sobre medicina e saúde no programa *Fantástico* e entrevista especialistas em diversas áreas da saúde em programas veiculados pelo Canal Universitário e pela TV Senado; atualmente dirige no rio Negro um projeto que pesquisa plantas brasileiras que possam ajudar no tratamento do câncer, entre tantas outras coisas. Drauzio também já escreveu mais de dez livros, entre eles alguns para crianças: este que está nas suas mãos, sobre sua infância no bairro paulistano do Brás, *De braços para o alto*, um relato de suas férias no tempo de menino, e *Nas águas do rio Negro*, que conta a história de um médico que se perde na Floresta Amazônica.

MARIA EUGÊNIA nasceu em São Paulo, em 1963. Quando era pequena, queria saber desenhar bem, então treinava sem parar. Assim, aprendeu a desenhar desenhando, e diz que continua aprendendo. Formou-se em direito, mas guardou o diploma para pintar. Estreou como ilustradora em 1991 e na literatura infantojuvenil em 1995. Já ilustrou mais de cinquenta livros para crianças e adultos. Ganhou o prêmio Jabuti e, na Itália, o Bologna Ragazzi Award — New Horizons. Para a Companhia das Letrinhas ilustrou, entre outros livros, os da coleção Memória e História e *O livro dos medos*, de vários autores. Além de desenhar, ela adora cantar, ouvir música, ir ao cinema, ler livros para crianças, viajar, entre muitas outras coisas legais.

COLEÇÃO MEMÓRIA E HISTÓRIA

Ilustrações de Maria Eugênia

17 é tov!, Tatiana Belinky

Do outro lado do Atlântico, Pauline Alphen

Flor do cerrado: Brasília, Ana Miranda

Fotografando Verger, Angela Lühning

Histórias de avô e avó, Arthur Nestrovski

Imigrantes e mascastes, Bernardo Kucinski

Minha vida de goleiro, Luiz Schwarcz

Nas ruas do Brás, Drauzio Varella

Tomie: cerejeiras na noite, Ana Miranda